RÉFLEXIONS

SUR

LE PROJET DE LOI

RELATIF

AUX CRIMES ET DÉLITS COMMIS PAR LA VOIE DE LA PRESSE OU AUTRE MOYEN DE PUBLICATION.

RÉFLEXIONS

SUR

LE PROJET DE LOI

RELATIF

AUX CRIMES ET DÉLITS COMMIS PAR LA VOIE DE LA PRESSE OU AUTRE MOYEN DE PUBLICATION ;

PAR M. COMTE.

(EXTRAIT DU XIIe. VOLUME DU CENSEUR EUROPÉEN.)

PARIS,

IMPRIMERIE DE FAIN, PLACE DE L'ODÉON.

1819.

AVANT-PROPOS.

Depuis que la charte a reconnu le droit qu'a tout Français de publier ses opinions, nous discutons sur les moyens de réprimer la licence ou l'abus du langage; et il est affligeant de dire que le dernier jour nous ne sommes pas plus avancés que nous ne l'étions le premier. Ce sont toujours les mêmes erreurs, les mêmes sophismes; on se persuade quelquefois qu'une mesure discréditée a disparu sans retour, et tout à coup on la voit reparaître sous une forme nouvelle. Il faut alors reproduire les mêmes raisonnemens pour la détruire; mais les argumens ne prouvent rien; il faut que de dures expériences viennent démontrer ce que la raison n'a pu faire comprendre.

Cette ténacité qu'on montre pour des

mesures vicieuses, est-elle donc le résultat d'une volonté perverse, d'une intention bien décidée de faire des lois oppressives? Hélas, non! ceux qui montrent le plus d'opiniâtreté à les soutenir ne veulent que réprimer la licence; mais ils s'y prennent mal, faute d'avoir réfléchi sur les élémens les plus simples de la législation criminelle. S'ils se faisaient des idées exactes sur la nature des maux qu'ils veulent empêcher, et sur la manière dont les lois pénales doivent agir sur les esprits pour être efficaces, ils s'apercevraient sur-le-champ qu'ils sont dans une mauvaise route, et ils se hâteraient d'en sortir.

En faisant l'examen du projet de loi sur *les crimes et délits commis par la voie de la presse ou tout autre moyen de publication*, je m'étais persuadé que ce projet, rédigé par des hommes qui entendaient bien la législation, avait été revu, corrigé et augmenté par d'autres qui l'entendaient beaucoup moins; cette pensée m'a fait craindre que le projet ne devînt pire encore en passant dans les chambres; et je vois que mes craintes ne seront pas chimériques, si les amendemens proposés par la commission, dont M. Courvoisier a été l'organe, sont adoptés.

Les auteurs du projet ont trouvé le moyen de fondre dans trois ou quatre articles toutes les dispositions de la loi du 9 novembre : ils les ont même rendues pires, ainsi que je crois l'avoir démontré. La commission ne se borne pas à les adopter; elle les aggrave par ses commentaires; elle oublie que son rapport ne sera soumis ni à la discussion, ni à l'adoption des chambres, ni à la sanction du roi, et que, par conséquent, il ne pourra jamais avoir d'autre force que celle que peuvent avoir des opinions individuelles. Mais ce n'est pas de cela qu'il s'agit : j'ai fait voir, dans cet écrit, les vices des dispositions que la commission propose d'adopter; je les ai fait voir surtout dans l'analyse que j'ai donnée de la loi du 9 novembre (1). Ce que je veux examiner ce sont quelques-uns des amendemens que la commission propose au chapitre relatif à la diffamation.

La commission est d'avis qu'il ne faut admettre le délit de diffamation ni envers la personne du roi, ni envers les membres de sa famille, ni envers les chambres, ni envers les tribunaux, ni même envers les souverains étrangers. « Le mot diffamation, a dit son rapporteur, suppose, non-seulement l'intention, mais l'effet de porter atteinte à l'honneur ou à la considération d'autrui, par l'imputation ou l'allégation d'un fait qui peut être vrai. La loi le reconnaît en admettant *alors à la preuve de la vérité de l'assertion ;* mais quand la loi refuse cette preuve, elle se refuse par cela même *à la possibilité du vrai ;* ce n'est plus la diffamation qu'elle punit, c'est la calomnie *qu'elle suppose.* »

(1) Censeur Européen, tom. XI, pag. 151-201.

Il résulte de ce passage et de plusieurs autres qu'il est inutile de citer, que l'auteur du rapport a complétement perdu de vue les principes élémentaires de la législation criminelle, et qu'il a mal compris les dispositions qu'il veut faire amender.

Ce qui constitue le délit de diffamation, comme tous les autres délits, c'est le mal produit par une intention perverse. La circonstance que ce mal a été exécuté par une imputation vraie ou par une imputation fausse, ne change rien à la moralité de l'action, parce que la vérité du fait imputé est une circonstance indépendante de la volonté de celui qui l'a divulgué; j'ai fait voir, dans l'écrit que je publie, que la nature de l'instrument à l'aide duquel on parvient à exécuter une action punissable, ne change point la nature de cette action. J'ai fait voir aussi que ce qui constitue la diffamation, ce ne sont pas telles expressions, telles allégations ou telles imputations. Les expressions, les allégations, les imputations sont les moyens, les instrumens à l'aide desquels on exécute ou l'on tente d'exécuter le délit. Ce qui constitue la diffamation, c'est la destruction tentée ou exécutée, de la réputation d'une personne.

Si donc nous écartons de la question les moyens d'exécution du délit, il n'y aura plus qu'à examiner s'il est possible de porter atteinte à la considération du roi, des membres de sa famille, des chambres, des cours, des tribunaux et des souverains étrangers. Si nous reconnaissons que cela est possible, ou que du moins on peut en avoir la volonté, et la manifester par des actes d'exécution, il faudra bien admettre à leur égard le délit de diffamation, puisque la diffamation n'est que la tentative de détruire la réputation ou la considération qui appartiennent à une ou à plusieurs personnes. Sans doute, ce délit est infiniment plus grave lorsqu'il est commis envers la personne du roi ou envers les chambres, que lorsqu'il est commis envers de simples particuliers; mais, si la gravité du délit est une raison d'aggraver le châtiment, il n'est pas une raison d'en nier la possibilité, ou de lui donner une dénomination différente. Le meurtre et l'empoisonnement commis envers les citoyens sont des crimes bien plus grands quand ils se dirigent vers la personne du monarque ou vers les corps constitués; dira-t-on, pour cela, que, dans ce cas, il ne faut reconnaître ni meurtre ni empoisonnement?

Voyez à quelle inconséquence on arrive lorsqu'on abandonne la nature des choses, pour suivre les caprices de son imagination; on admet qu'on peut diffamer un juge, deux et même trois, individuellement; mais on n'admet pas qu'il soit possible de les diffamer collectivement; comme si, lorsque la réputation de chacun des membres dont un corps se compose est détruite, la réputation du corps pris collectivement n'avait reçu aucune atteinte! Comme si, lorsqu'un corps est déshonoré, les membres dont il se compose pouvaient tre considérés comme des gens hon-

ê

norables ! N'a-t-on jamais vu des assemblées ou des corps justement ou injustement diffamés ? Ne pourrait-on pas citer des cours ou des assemblées qu'on diffame tous les jours ?

On propose de substituer au mot *diffamation* les mots *imputation ou allégation offensante*. Je ferai remarquer qu'on prend encore ici l'instrument pour le mal. On trouverait peut-être fort ridicule celui qui nous proposerait de caractériser le meurtre : *un coup de pistolet homicide*. Qu'on examine bien la proposition faite par M. le rapporteur de la commission ; on verra qu'il y a entre l'une et l'autre une très-grande ressemblance. Mais ce n'est pas sur sa définition que je veux m'arrêter ; c'est seulement sur le mot *offensante*, mot qui ne signifie rien, s'il n'a pas le même sens que le mot *diffamation* ou que le mot *injure*. Une expression ne peut en effet être offensante que de deux manières ; ou parce qu'elle blesse directement celui à qui elle s'adresse, ou parce qu'elle l'expose à perdre une partie de la considération dont il jouit. Dans le premier cas, c'est l'injure; dans le second, c'est la diffamation. Je suppose ici que cette expression a été employée dans la vue de produire l'un ou l'autre de ces deux effets.

Si, par le mot diffamation, on entend la tentative que fait un individu pour affaiblir ou pour détruire le respect, l'estime, la considération dont jouit une personne, il faut bien que ce délit soit puni lorsqu'il est commis envers la personne du roi, envers les membres de sa famille, envers les chambres ou envers d'autres corps constitués, à moins qu'on ne prétende que ces personnes ou ces corps ne peuvent rien perdre dans l'opinion des hommes, ou qu'ils ne mettent aucun prix à l'estime et à la confiance nationales. Nous ne pensons pas que telle ait été la pensée de la commission : à ses yeux il n'existe aucun magistrat, aucun corps constitué qui n'ait une réputation à perdre, et qui ne tienne à la conserver;

il n'en est donc aucun qu'on ne puisse tenter de diffamer ; d'où il suit que la diffamation doit être punie, quelles que soient les personnes contre lesquelles elle a été commise.

Le motif sur lequel la commission se fonde pour demander que le délit de diffamation ne soit point reconnu à l'égard du roi, des membres de sa famille, des chambres ou des corps constitués, est une erreur évidente ; et cette erreur n'aurait pas été commise, si le projet de loi avait été lu avec un peu plus d'attention. Le projet n'admet pas, comme le prétend M. Courvoisier, *à la preuve de la vérité de l'assertion*, lorsqu'on n'a imputé que des faits vrais ; il n'est pas vrai non plus que le projet se refuse *à la possibilité du vrai* lorsqu'il n'admet pas la preuve. Les rédacteurs, en ceci du moins, ne se sont pas écartés des principes des lois criminelles. Pour caractériser le délit, ils n'ont considéré que deux choses : une intention perverse et un mal produit ou tenté. Ils n'ont pas voulu admettre même les preuves par jugement ou par actes authentiques; parce qu'en effet l'existence de pareils actes est une circonstance étrangère au délit, c'est-à-dire à l'intention et au mal produit ou tenté. Il serait par trop absurde de dire que la loi se refuse *à la possibilité du vrai*, lorsque les faits sont constatés par des actes authentiques. Il serait plus juste de dire, au contraire, qu'en pareil cas elle se refuse à la possibilité du faux.

Le projet refuse avec raison d'admettre à la preuve des imputations diffamatoires, quand ce sont le roi, les membres de sa famille, les chambres, les cours, les tribunaux ou les chefs des gouvernemens étrangers qui en ont été l'objet; mais si c'est une raison pour dire qu'à leur égard il ne peut pas exister de diffamation, il faut dire aussi qu'il ne peut pas en exister à l'égard des simples particuliers. Le projet de loi sur la procédure interdit en effet la preuve à leur égard, lors même qu'elle serait demandée par la personne diffamée. Il faudrait donc mettre les particuliers dans le même chapitre que le roi, les chambres et les corps constitués, et déclarer que la diffamation ne peut avoir lieu qu'à l'égard des fonctionnaires responsables ; ce qui serait absurde.

M. le rapporteur prétend que, lorsque la loi n'admet pas la preuve, elle *suppose la calomnie*. Je ne sais où il a trouvé cela; si, en effet, elle fait une pareille supposition, c'est un vice de plus qu'elle renferme. Une loi pénale ne doit rien supposer : elle doit toujours prendre les choses pour ce qu'elles sont. Il n'est pas au pouvoir du législateur de convertir la vérité en mensonge. Toutes les lois du monde déclareraient vainement que le blanc sera supposé noir, ou que ce qui sera évident sera réputé douteux, elles ne changeraient rien à la nature des choses ; le seul effet qu'elles pourraient produire serait de contraindre les hommes à mentir à leur conscience.

J'ai dit, en commençant ces réflexions,

que nous n'avions fait aucun progrès depuis que nous discutions sur les moyens de réprimer les abus du langage. Je me suis trompé ; en voici la preuve. Nos législateurs de 1815 et de 1816 ont vu le délit dans le papier remis à l'imprimeur : peu s'en est fallu qu'il ne l'aient vu dans l'encre, dans la plume et dans le canif. Ils ont en conséquence déclaré que les papiers remis à un imprimeur pourraient être saisis, et que l'auteur pourrait en être poursuivi. Bientôt on a fait un pas de plus ; c'est la presse et l'imprimeur qu'on a pris pour le délit. On a agi en conséquence dans les condamnations qui ont été prononcées. Dans la session de 1817, nous avons encore fait un pas ; le ministère a proclamé qu'à l'avenir, ce serait le livre qui serait le délit : les juges se sont réglés là-dessus, et nous savons par expérience ce qui en a été la suite. Enfin, en 1819, nous avons encore avancé ; ce n'est plus le livre qui est le délit, c'est l'allégation, l'énonciation, l'imputation, etc.

Continuons, et, après avoir fait résider le délit dans chacun des instrumens d'exécution, nous pourrons peut-être, dans quelques années, nous faire une idée juste d'une loi pénale.

Il est, dans le discours de M. le rapporteur, plusieurs autres opinions qui me paraissent manquer de justesse ; mais comme il en est encore un plus grand nombre que je n'ai pas pu comprendre, je dois m'abstenir d'en faire la critique, crainte de tomber moi-même dans l'erreur, en donnant aux paroles du discours un sens que M. le rapporteur n'a pas voulu leur attribuer.

DU PROJET DE LOI

SUR LES CRIMES ET DÉLITS

COMMIS PAR LA VOIE

DE LA PRESSE

OU

TOUT AUTRE MOYEN DE PUBLICATION.

PROTÉGER ce qui est bien, réprimer ce qui est mal, tel doit être l'objet de toute loi pénale qui n'est pas faite dans des intentions hostiles contre la liberté. Partout où des actions innocentes sont punies, et partout où des actions nuisibles à autrui sont tolérées, il y a également oppression. La qualité des individus ne change ni la nature de leurs actions, ni les effets qui doivent en être la suite. Il importe donc peu que le bien soit puni ou le mal exécuté par de simples particuliers ou par des hommes revêtus de l'autorité publique. Il importe peu aussi de savoir quel est l'instrument à l'aide duquel on est parvenu à exécuter un fait. L'instrument ne change pas plus la nature et les effets d'une action, que la qualité de l'individu par qui cette action a été produite.

Ce n'est ni par fiction ni par convention que les actions des hommes sont bonnes ou mauvaises : on peut bien déclarer que telle action innocente sera punie, et que telle action nuisible ne le sera point; mais lorsqu'on aura fait cette déclaration, les choses n'en seront pas moins ce qu'elles étaient auparavant ; seulement on aura une loi qui punira le bien et qui autorisera le mal, une loi qui opprimera ou qui tolérera l'oppression. Les ennemis, et même les amis de la liberté ont fait tant de lois arbitraires, qu'on a fini par se persuader que l'arbitraire était de l'essence des institutions humaines. C'est une erreur contre laquelle il nous importe de nous mettre en garde ; car il n'en est aucune dont les résultats soient plus funestes ; et nous ne concevons pas qu'un peuple chez lequel elle serait généralement admise, pût arriver jamais à un régime tolérable.

De tous les sentimens, la peur est celui sur lequel le raisonnement a le moins d'influence. Il est rare que les hommes qui ont été fortement frappés par les malheurs qu'a produits un excès, ne se précipitent pas dans un excès contraire; et il faut qu'ils aient ressenti les inconvéniens de celui-ci pour l'abandonner; quelquefois même ils n'y renoncent que pour se rejeter dans celui qu'ils avaient fui d'abord. Qu'une loi, dans la vue de prévenir le vol, oblige tout individu qui se trouvera dans un lieu public, à tenir constamment ses mains dans ses poches sous peine d'être puni comme voleur; à l'instant il se présentera une multitude de bons citoyens qui demanderont, non l'abrogation d'une loi ridicule et tyrannique, ou une loi qui réprime les actions criminelles, mais une loi qui crée la liberté des mains et qui les fasse jouir de cette liberté précieuse. Si des châtimens fréquens et non mérités leur ont inspiré de fortes craintes, c'est en vain qu'on détruira les entraves dont ils auront été long-temps enchaînés; parce qu'ils les auront senties une fois, ils croiront les sentir toujours; ils s'obstineront à demander des lois qui les fassent jouir de la liberté, et qui déterminent les mouvemens qu'ils peuvent se permettre sans être punis; peut-être même s'en trouvera-t-il qui voudront que, dans aucun cas, l'action des mains ne puisse donner lieu à aucune peine; tandis que d'autres voudront par de fortes peines réprimer toute espèce de mouvement.

La faculté de divulguer ses opinions est aussi naturelle à l'homme que la faculté de faire usage de ses mains ; mais elle a été plus long-temps et plus fortement comprimée. Il est peu de gouvernemens au monde qui n'y aient porté plus ou moins atteinte ; aussi lorsqu'il arrive que la compression s'affaiblit ou cesse d'exister, il est beaucoup de personnes qui s'imaginent que cette faculté est un don qui leur est fait par leurs dominateurs, et qui demandent en conséquence qu'on détermine la manière dont elles doivent en jouir. Des lois ont long-temps interdit le libre usage de l'imprimerie : c'en est assez pour qu'on demande non l'abrogation de ces lois, mais une législation qui règle comment on pourra user de ce moyen de publicité sans être punissable. On a vu punir des imprimeurs comme complices, quoique aucune complicité de leur part n'eût été prouvée ; cela suffit pour qu'on demande que les imprimeurs ne puissent pas être punis, même quand on prouverait clairement qu'ils sont coupables.

Nous l'avons déjà dit, et nous ne saurions trop le répéter, la qualité d'un individu et les instrumens dont il fait usage ne changent ni la nature de ses actions, ni les effets qui en sont la suite. Le législateur qui veut réprimer le mal, n'a donc à s'occuper ni des qualités des personnes, ni des moyens qu'elles emploient. Il doit rechercher quelles sont les actions qui peuvent être nuisibles au public, et les réprimer ensuite, quels qu'en soient les auteurs, et de quelque manière qu'elles soient commises. Ce n'est pas à lui qu'il appartient de régler l'usage que nous devons faire des facultés que la nature nous a données. Il doit s'abstenir au contraire de tout ce qui pourrait y porter atteinte, et prendre des mesures pour que nul ne puisse se permettre ce qu'il est obligé de s'interdire lui-même. C'est à chacun de nous à tirer de nos moyens le meilleur parti possible : ce serait trop exiger du législateur, si, après qu'il a détruit tous les obstacles qui s'opposent à notre liberté, on lui demandait de nous enseigner comment nous devons en faire usage. Une loi sur la liberté des opinions ou sur la liberté de la presse serait donc aussi ridicule qu'une loi sur la liberté de la voix, sur la liberté de la plume, ou sur la liberté des mains ; il n'y a qu'une longue tyrannie qui ait pu faire demander des lois sur un tel sujet.

Les gouvernemens ont en général assez bien

prévu les actions nuisibles qu'on peut commettre par les facultés qu'ils n'ont pas eu le pouvoir d'enchaîner : le vol, le meurtre, le faux, sont des crimes qui ont été prévus et punis dans tous les pays où l'on a fait des lois criminelles. Mais les actions qu'on ne peut commettre qu'à l'aide d'une faculté ou d'un moyen dont il est possible d'empêcher l'usage, ou qui peut devenir un objet de monopole, n'ont pas été aussi bien déterminées. On a trouvé beaucoup plus simple, par exemple, d'enlever aux hommes le moyen de faire connaître au public leurs sentimens ou leurs pensées, que de prévoir les cas où ils seraient punissables pour avoir abusé des moyens à l'aide desquels ils peuvent les faire connaître. Les gouvernans ont prétendu que l'abus était inséparable de l'usage, et, pour prévenir l'un, ils ont presque toujours empêché l'autre. Des vues quelquefois intéressées, beaucoup d'ignorance, et une grande incapacité, telles ont été les causes qui ont concouru à établir ce système ; et il est juste de convenir qu'à cet égard les peuples ne se sont pas montrés plus éclairés que les gouvernans.

Ce n'est pas seulement à cause des avantages qu'on en retire, qu'on aime l'arbitraire ou le despotisme ; c'est parce qu'un gouvernement despotique est à la portée des esprits les plus ignorans et les plus bornés. L'homme le plus stupide qui dispose d'une grande force, trouve simple que tout se règle par ses désirs ou par ses caprices. L'obligation de gouverner selon la justice le mettrait dans la nécessité d'abdiquer le pouvoir; car pour établir des lois justes, et même pour les suivre, il faut un esprit droit et des connaissances très-étendues. La liberté est une science plus difficile qu'on ne s'imagine : pour l'établir, il ne suffit pas d'avoir de beaux sentimens ou de connaître un grand nombre de systèmes. Il faut, comme dans toutes les autres sciences, que l'expérience nous ait démontré la justesse de nos observations, et nous ait mis à même de rectifier nos idées. Lorsqu'on a assez de lumières et assez de force pour obtenir la destruction d'un régime oppressif, on peut discuter long-temps encore sur ce qu'il faut faire pour établir le régime de la liberté. Un acte de la volonté suffit en effet pour détruire une mauvaise loi, comme il ne faut qu'un coup de poignard pour tuer un tyran ; mais, pour établir une bonne législation ou our bien organiser un gouvernement, les bonnes intentions et le courage ne suffisent plus ; il faut de la capacité.

Dès le commencement de la révolution, on a demandé et obtenu en France que chacun pût librement publier ses opinions. Ce n'était, à proprement parler, que l'abrogation du régime de la censure préalable et arbitraire des écrits qu'on demandait. On ne se doutait pas de ce qu'il fallait faire pour réprimer la licence, non moins opposée à la liberté que l'arbitraire. On ne savait pas que le meilleur moyen de protéger l'usage innocent de la faculté de publier ses pensées, était d'en bien réprimer l'abus. En conséquence tout a été d'abord toléré, et la provocation, l'injure et la diffamation n'ont eu aucun frein. On a senti plus tard que ce régime n'était pas tolérable ; mais comme il avait été déjà démontré que la censure préalable et arbitraire était du despotisme, et que la liberté exigeait qu'on ne touchât point aux écrits, on n'a pas vu de meilleur remède aux abus que d'envoyer à l'échafaud les écrivains ou les parleurs indiscrets. Cette rigueur ne pouvait pas durer : l'on a renoncé aux supplices, mais sans rien faire pour réprimer le mal. Les abus ont recommencé et sont arrivés au point qu'on a cru ne pouvoir les arrêter que par le développement de la force militaire, et par la déportation arbitraire d'un grand nombre d'écrivains. Dès ce moment, la terreur a tenu lieu de lois, jusqu'à ce qu'on en soit revenu au point d'où l'on était parti, c'est-à-dire à la censure préalable et arbitraire des écrits. On a joint à cette mesure quelques dispositions législatives incomplètes et grossières sur des moyens de publication; dispositions dont l'expérience nous a fait sentir les vices. Ces remèdes énergiques n'ont pas détruit la maladie : ils ont tué les médecins; et de plus, ils nous ont prouvé une chose que nous ne devons jamais perdre de vue; c'est que le despotisme tient beaucoup plus encore à l'incapacité des gouvernans qu'à leur amour pour l'arbitraire : c'est ici plus qu'ailleurs le cas de dire avec Voltaire : tout vice provient d'ânerie.

Après la chute du gouvernement impérial, on a encore demandé et obtenu que chacun pût jouir de la faculté de publier ses pensées ou ses opinions; mais les amis les plus zélés de la liberté n'ont vu aucun moyen efficace de protéger l'usage innocent et de réprimer la licence. Le ministère qui était encore moins éclairé, et qui de plus ne trouvait aucun intérêt à ce que chacun eût la faculté de se livrer publiquement à la critique de ses mesures, s'est hâté de demander le rétablissement de la censure préalable et arbitraire. Cependant, comme cette demande était en opposition directe avec la loi fondamentale, il a été obligé de laisser à la vérité un refuge dans les volumes de vingt feuilles. Chacun est allé dès lors chercher la vérité là où l'on savait qu'elle pouvait se réfugier, et les écrits soumis à la censure préalable et arbitraire n'ont plus eu aucun crédit. Les gouvernans ont senti cela, et en conséquence ils n'ont plus réclamé la censure que pour les journaux; aussitôt les brochures sont devenues des journaux, et le gouvernement s'est trouvé désarmé précisément parce qu'il a voulu se réserver le privilége des armes les plus redoutables. Enfin, il a fallu cinq années d'expérience législatives et judiciaires pour se convaincre qu'il n'y avait pas de transaction possible entre l'arbitraire et la liberté. Dans ces débats, un grand nombre de questions ont été éclaircies, et beaucoup de lumières ont été répandues; on se tromperait cependant si l'on croyait qu'on est généralement d'accord sur les moyens d'établir une bonne législation. Il est peu de personnes qui sachent réfléchir sur les faits qu'elles ont devant les yeux: on pourrait encore faire de fort mauvaises lois même en ne consultant que des amis très-zélés de la liberté. La législation, nous ne saurions trop le répéter, n'est point une chose de sentiment; c'est une chose toute de calcul ou science, et il n'y a pas de moyen de rendre les hommes libres si l'on ne commence pas par les éclairer. Une expérience de près de trente années doit à cet égard nous avoir convaincus.

La loi qu'a proposée le ministre l'année dernière, était essentiellement vicieuse, et c'est un bonheur qu'elle ait été rejetée. Beaucoup de personnes en ont senti les vices; on aurait pu en faire disparaître un grand nombre; nous doutons cependant qu'on fût alors assez éclairé pour faire une bonne loi, et peut-être ne le serait-on pas encore assez aujourd'hui si l'on voulait ne partir que des connaissances communes ou des idées généralement reçues. Les écrits qui paraissent, ou les discussions qu'on entend tous les jours, nous prouvent que le gros du public a fait peu de progrès, et qu'il est résulté des débats qui ont eu lieu entre les agens de l'autorité et les écrivains, beaucoup plus d'irritation que de lumières. D'un côté, la crainte de la licence paraît pousser encore les hommes du gouvernement vers le pouvoir arbitraire, tandis que d'un autre côté la crainte de l'arbitraire porterait un grand nombre de personnes à tolérer la licence. On ne s'aperçoit pas que c'est la même chose sous deux noms différens ; que l'oppression est la licence exercée par le pouvoir sur les citoyens ; et que la licence est l'oppression exercée par de simples particuliers sur d'autres particuliers.

Les qualités des personnes, ni les instrumens qu'elles emploient ne changeant ni la nature de leurs actions, ni les effets que ces actions doivent produire, le législateur n'a à s'occuper ni de ces qualités, ni de ces instrumens : il faut qu'il caractérise bien les faits qu'il doit réprimer ; qu'il détermine la peine qui doit être appliquée aux auteurs et aux complices de ces faits ; enfin, qu'il établisse un mode de procédure qui donne aux accusateurs les moyens de convaincre les coupables, et aux accusés les moyens de prouver leur innocence, si en effet ils sont innocens. La presse peut être un instrument de dommage ; mais elle a cela de commun avec tous les objets qui sont à l'usage de l'homme ; il n'est donc pas plus nécessaire de s'occuper de celui-là que de mille autres auxquels les législateurs n'ont jamais pensé. Il est même à remarquer que le mal qu'on peut commettre au moyen de l'imprimerie peut être commis sans ce moyen, ce qui rend d'autant plus inutile l'attention particulière dont cet instrument pourrait être l'objet.

Les facultés de l'homme sont inhérentes à sa nature ; elles sont une suite nécessaire de son organisation, et il n'y a que celui par qui l'espèce humaine existe, auquel on puisse en attribuer la concession ou l'octroi. L'objet des institutions politiques est de nous en garantir le libre usage, et non d'en augmenter le nombre ; l'objet unique des lois pénales doit être d'en réprimer l'abus. La faculté de parler par signes, par paroles ou par écrit, ne doit pas être placée dans une catégorie particulière. L'exercice doit en être libre, comme l'exercice de toutes les autres, et l'abus doit en être réprimé, comme doivent l'être tous les abus. Toutes les questions qu'on peut raisonnablement faire à ce sujet, lorsqu'il est question d'un projet de loi pénale ou de procédure, se réduisent donc à celles-ci : tous les faits punissables sont-ils prévus et punis ? Le projet de loi ne tend-il à réprimer que des faits punissables ? Les peines sont-elles proportionnées aux délits ? Les formes de la procédure et du jugement donneront-elles, soit à la partie publique, soit à la partie lésée, le moyen d'atteindre tous les coupables? Donneront-elles, en même temps, aux personnes injustement accusées, le moyen de faire ressortir leur innocence? Enfin, ne pourra-t-on pas, à l'aide de la nouvelle ou de l'ancienne législation, empêcher les publications qui ne seront pas punissables?

Avant que d'entrer dans l'examen d'aucune de ces questions, nous devons faire observer que la faculté de penser ne peut enfanter aucun abus, et que par conséquent elle ne peut pas être le sujet d'une loi pénale. Tant qu'une pensée reste renfermée dans l'esprit d'un individu, elle est pour le reste des hommes comme si elle n'existait pas; elle ne peut produire ni bien ni mal. Il n'en est pas de même de la faculté de parler; il y a dans le langage, de quelque manière qu'on s'exprime, quelque chose de matériel qui agit sur autrui, et qui participe de la nature des actions, parce qu'il sert à les produire. Le législateur doit donc s'occuper, non de l'abus de la pensée, mais de l'abus du langage parlé, écrit, ou par signes.

Le langage peut être employé pour faire commettre une action nuisible, ou il peut être lui-même une mauvaise action. Il est employé pour faire commettre des actions nuisibles, lorsqu'on use de promesses, de menaces, ou qu'on donne des instructions pour faire exécuter des faits que les lois ont classés au rang des crimes ou des délits. La loi déclare complices ceux qui en sont les auteurs, et leur inflige les mêmes peines qu'à ceux par qui les faits ont été exécutés. Les auteurs du projet n'ont pas eu à s'occuper de cas semblables; l'article 60 du code pénal les avait prévus. Le langage est par lui-même une mauvaise action, lorsqu'il produit immédiatement un mal quelconque, et sans que l'auteur ait besoin d'aucun intermédiaire. C'est principalement sous ce dernier point de vue que les auteurs du projet l'ont considéré. Ils ne l'ont même déclaré punissable, dans ce dernier cas, que lorsqu'il aurait un caractère de publicité. La sagesse de cette disposition est trop généralement sentie pour avoir besoin d'être démontrée.

Le projet de loi, dont l'objet est de réprimer le mal qu'on peut faire en abusant du langage, est divisé en quatre chapitres qui ont pour objet de réprimer, le premier, la provocation publique aux crimes ou délits; le second, les offenses publiques envers la personne du roi; le troisième, les outrages à la morale publique et aux bonnes mœurs ; le quatrième, la diffamation et l'injure publiques.

Parmi les dispositions du premier chapitre, il en est quelques-unes qui sont mal rédigées ; il en est d'autres dont le fond est essentiellement mauvais. Ces vices proviennent de ce que les auteurs du projet se sont placés dans une fausse position, et de ce qu'ils ne se sont pas fait des idées justes des faits qu'ils avaient à réprimer. Ils se sont considérés comme des magistrats qui cherchent dans les lois existantes le moyen de réprimer des faits qui leur paraissaient punissables, au lieu de se considérer comme des législateurs qui ne doivent consulter que la nature des choses, et qui ne sont pas obligés de subordonner leurs décisions aux lois de leurs prédécesseurs. Ils ont donné le caractère de délits à des faits vagues qu'il est impossible d'apprécier, et qui peuvent donner lieu aux condamnations les plus arbitraires. Enfin, en prononçant l'abrogation de la loi du 9 novembre, ils ont établi des dispositions qui peuvent devenir pires que celles qu'ils ont abrogées.

La provocation publique à un crime ou à un délit quelconque produit plusieurs maux : d'abord elle détruit la sécurité des personnes dont ce délit ou crime menace l'existence; en second lieu, elle excite les malfaiteurs à exécuter des actions punissables, et détruit ainsi le salutaire effet que produisent sur les imaginations les lois destinées à réprimer le mal; enfin, elle peut avoir pour effet immédiat d'amener le délit ou le crime que l'auteur s'est proposé de faire exécuter. La provocation doit donc être mise au rang des actions criminelles, et l'intensité de la peine doit être en raison de la gravité du mal produit et de la perversité de l'individu qu'il s'agit de frapper. Il faudrait donc que l'auteur d'une provocation fût puni des peines auxquelles serait soumis celui qui exécuterait le fait auquel il aurait été provoqué. Peut-être cependant pourrait-on soutenir qu'il faut plus de perversité pour exécuter un crime que pour provoquer à le commettre. Cela peut arriver dans certains cas, mais il est aussi des cas où l'on peut voir le contraire.

Dès le premier article du projet de loi, les rédacteurs paraissent avoir perdu de vue ce qui doit en faire la matière; ils s'occupent bien moins des provocations que de la complicité. « Quiconque, disent-ils, aura provoqué l'auteur ou les auteurs de tout crime ou de toute tentative de crime, *sera réputé complice* et puni comme tel. Sera également *réputé complice*, ajoutent-ils, quiconque aura provoqué l'auteur ou les auteurs de tout délit à le commettre. » Ainsi, l'on nous annonce un projet de loi pour réprimer les provocations, et puis l'on nous donne une loi sur la complicité, ce qui n'est pas la même chose, ainsi qu'on va le voir. Au reste, nous devons remarquer ici en passant que les lois criminelles doivent prendre les choses pour ce qu'elles sont, et ne rien *réputer*. Lorsqu'elles *réputent* les choses, c'est-à-dire lorsqu'elles leur attribuent un caractère qui n'est pas dans leur nature, elles font violence à la conscience des juges, ou la conscience des juges fait violence au texte des lois et rétablit la vérité. Il importe d'autant plus de faire disparaître du premier article du projet les mots *sera réputé complice*, qu'ils vicient la disposition sans en augmenter la force, et qu'on est obligé, au second article, de punir le provocateur comme coupable principal, dans le cas où la provocation n'a pas produit l'effet que l'auteur s'en était promis.

En faisant entrer, de violence, dans les cas de complicité déjà prévus par le code pénal, des faits qui ne doivent pas naturellement y entrer, on est obligé de donner à la première disposition du projet une restriction qu'on ne saurait motiver sur aucune bonne raison. On ne punit le provocateur des mêmes peines que celui par qui le délit ou le crime a été exécuté, que lorsque c'est à celui-ci que la provocation a été nommément adressée. Ainsi, l'individu qui, au moyen d'une proclamation, appellerait à l'insurrection les habitans du faubourg Saint-Antoine, et qui n'insurgerait que les habitans du faubourg Saint-Marceau auxquels il n'aurait pas songé, pourrait soutenir avec raison, d'après le projet de loi, qu'il ne doit pas être condamné aux mêmes peines que les insurgés, parce que ce n'est pas à eux qu'il s'est adressé. De même celui qui provoquerait un individu désigné à commettre un meurtre, échapperait à la peine due aux meurtriers, si la provocation avait pour effet de faire exécuter le crime par un tiers. Dans ce cas, comme dans le premier, le provocateur serait justifié en prouvant que ce n'est pas à l'auteur même du crime qu'il a adressé la provocation.

En général, il importe peu à celui qui provoque publiquement à l'exécution d'un crime, que ce crime soit consommé par un individu plutôt que par un autre; l'essentiel pour lui, c'est que le fait soit exécuté. Le législateur ne doit donc pas s'occuper de la question de savoir si le crime qui a été l'objet de la provocation, a été commis par les individus auxquels le provocateur s'est adressé ou par d'autres. Il ne doit avoir égard qu'à deux choses, qu'à la nature de la provocation et aux effets qu'elle a produits. Si même il voulait suivre rigoureusement les principes les plus sains de la législation criminelle, il n'aurait aucun égard aux effets produits; parce que ces effets sont indépendans de la volonté du provocateur, et qu'un événement indépendant de la volonté d'un individu ne peut ni constater son innocence, ni aggraver sa culpabilité. Il n'est qu'une raison qui puisse faire adoucir la peine, dans le cas où la provocation n'est pas suivie de l'exécution du délit ou du crime; c'est l'espérance que le provocateur, pour encourir une peine moins sévère, arrêtera lui-même le mal qu'il a voulu d'abord produire.

L'article premier soumet le provocateur aux mêmes peines que celui qui a exécuté le délit ou le crime, dans le cas où l'exécution s'en est suivie; mais les articles 2 et 3 ne le punissent que d'un emprisonnement et d'une amende, lorsqu'elle n'a pas été suivie d'effet. Ainsi, dans un cas, il pourra y avoir peine de mort, tandis que dans l'autre il pourra n'y avoir qu'un emprisonnement de trois mois et une amende de cinq cents francs. La différence dans l'infliction des peines résultera, non du degré de perversité de l'individu, mais d'une circonstance indépendante de sa volonté et postérieure au fait qui lui sera imputé. Il nous semble que les proportions ne sont point gardées, et qu'il faut ou adoucir le Code pénal ou rendre plus sévères les dispositions des articles 2 et 3 du projet de loi. Au reste, les peines légères sont plus propres à réprimer les délits que les peines graves; la discordance qui règne entre le premier article et les deux qui suivent, ne peut donc être suivie d'aucun danger.

Les articles 4 et 5 ne sont en substance que la loi du 9 novembre réduite à ses plus simples expressions; nous ne dissimulerons même pas que nous préférerions cette loi aux deux articles par lesquels on la remplace; l'expérience de celle-ci a été faite; il n'est personne maintenant qui ne sache ce qu'elle vaut; flétrie dans l'opinion publique, et par les agens du pouvoir qui l'ont invoquée, par les magistrats qui en ont fait l'application, par les députés et même par les ministres, elle ne peut plus avoir de danger que pour ceux qui voudront l'appliquer ou la défendre; mais, si les chambres adoptent les articles 4 et 5 du nouveau projet, il faudra repasser par les tristes expériences que nous avons faites pour savoir combien ils sont dangereux. Voici comment ils sont conçus :

» 4°. Sera *réputée provocation au crime*, et punie des peines portées par l'article 2, toute attaque formelle par l'un des moyens énoncés en l'article 1er., soit contre l'ordre de successibilité au trône, soit contre l'autorité constitutionnelle du roi et des chambres.

» 5°. Seront *réputés provocation au délit*, et punis des peines portées par l'article 3,

» 1°. Tous *cris séditieux* publiquement proférés, autres que ceux qui rentreraient dans la disposition de l'article 4;

» 2°. L'enlèvement ou la dégradation des signes publics de l'autorité royale, opérés par haine ou mépris de cette autorité;

» 3°. Le port public de tous signes extérieurs de ralliement non autorisés par le roi ou par des règlemens de police;

» 4°. L'attaque formelle des droits garantis par les articles 3 et 9 de la charte constitutionnelle. »

Nous l'avons déjà dit : les lois pénales ne

doivent rien *réputer*. Elles doivent caractériser les délits et les crimes, et laisser aux jurés ou aux juges le soin de décider, dans leurs consciences, si les accusés sont ou ne sont point coupables. Pour constituer un délit ou un crime; il faut deux choses; une volonté malfaisante, et un fait qui manifeste l'existence de cette volonté. Or, lorsqu'une loi déclare qu'un fait quelconque sera *réputé* une provocation au crime ou au délit, elle interdit aux jurés et aux juges d'examiner si, en effet, l'accusé a eu la volonté de provoquer au délit ou au crime. Elle leur dit : vous n'examinerez point si son intention a été innocente ou coupable; vous n'examinerez point s'il existe ou s'il n'existe pas de sa part une provocation au crime; car, s'il en existe une, il est punissable, et, s'il n'en existe pas, je *répute* qu'il y en a une; vous n'êtes pas juges pour examiner, mais pour condamner, et vous devez condamner *quand même*....

Ce langage était naturel en 1815; quand les accusations ne sont que des prétextes pour frapper des hommes que l'on considère comme ses ennemis, il faut bien commander les sentences aux juges; il faut bien leur interdire la faculté de prononcer d'après les intentions des accusés; mais est-il convenable qu'en 1819 on tienne le même langage, et qu'on tende à rétablir un système tellement flétri qu'il a été publiquement désavoué par tous ceux auxquels on a voulu l'attribuer? Un ordre de l'autorité qui enjoindrait à des jurés ou à des juges *de réputer tel ou tel fait provocation au crime*, serait un ordre évidemment tyrannique et essentiellement contraire à la justice. Mais qu'importe que l'ordre soit envoyé des bureaux du ministère, ou qu'il soit inséré dans un article de loi? L'effet n'est-il pas toujours d'interdire l'examen aux juges, et de les contraindre à déclarer qu'il existe une provocation au crime, quand même ils seraient convaincus qu'il n'en existe pas?

Dans toute accusation fondée sur la disposition de l'article 4, il arrivera ou que l'accusé sera coupable de provocation à un crime, ou qu'il n'aura fait aucune provocation. Dans le premier cas, l'article sera inutile, puisque le fait aura été prévu par l'article 1er. de la loi; dans le second, il sera inique et absurde, puisqu'il contraindra les jurés et les juges à voir une provocation au crime là où ils ne pourront en apercevoir aucune. Ce dernier cas est celui qui sera le plus commun; c'est même pour celui-là que l'article paraît avoir été fait; car autrement il serait superflu.

Lorsqu'une personne sera accusée d'avoir provoqué à un délit ou à un crime, l'accusateur sera tenu sans doute de lui indiquer quel est le délit ou le crime auquel elle aura provoqué. On ne conçoit pas en effet une provocation au crime en général, et il n'y aurait aucun moyen de se défendre, ni même de porter un jugement raisonnable, si l'accusation qui aurait pour objet une provocation semblable, pouvait être admise. Mais celui qui sera accusé d'un fait *réputé* provocation *au crime* ou *au délit*, ne pourra-t-il pas demander aussi qu'on soit tenu de spécifier quel est le *délit* ou le *crime* auquel il est *réputé* avoir provoqué ? S'il est possible d'en spécifier un, la provocation ne sera plus *réputée*, elle sera réelle, et alors il y aura lieu d'appliquer, non l'article 4, mais l'article 1er. ou l'article 2 de la loi. Si, au contraire, on ne peut en spécifier aucun, s'il est évident qu'il n'a été provoqué à aucun fait punissable, comment sera-t-il possible de dire que tel individu est *réputé* coupable de provocation *au crime* ou *au délit*, et de le punir comme s'il existait une provocation ? Y aurait-il dans la nature un être appelé crime ou délit en général, et connu seulement des rédacteurs ou des correcteurs du projet de loi?

Mais quels sont les faits qui seront de plein droit et sans examen *réputés provocation au crime?* Ce sera d'abord toute *attaque* formelle contre l'ordre de successibilité au trône. Il est difficile de deviner quel est le but de cet article : s'agit-il de punir la provocation à un changement de dynastie, crime prévu par le Code pénal? s'agit-il de punir une opinion qu'on émet sans provoquer les citoyens à aucune action punissable? Si c'est la provocation à un crime qu'on veut réprimer, la disposition est inutile; le cas pour lequel elle est faite est prévu par les deux premiers articles du projet. S'il s'agit de punir une opinion émise sans intention criminelle, la question change, et nous nous trouvons placés sur le terrain de l'inquisition. Il n'est plus question alors de punir le crime, mais d'extirper l'hérésie.

Ce système peut être bon, et nous n'avons nulle intention de le combattre; nous voudrions seulement faire en sorte que, s'il était établi, il le fût franchement et de manière que personne ne pût y être trompé. Si les auteurs du projet pensent qu'il est, dans le gouvernement monarchique, des principes qui ne peuvent pas soutenir l'examen de la raison, on ne saurait les blâmer de vouloir les convertir en dogmes. Dans un temps où les gendarmes et les cachots cessent d'être employés à nous ramener à l'unité des croyances religieuses, il peut être bon de les employer à nous ramener à l'unité des croyances politiques. Ce renfort que n'ont pas dédaigné les défenseurs les plus zélés de la cause de l'église, est d'un merveilleux secours pour convaincre les incrédules et pour raffermir les doctrines chancelantes. Il nous semble toutefois que ce système pourra donner lieu à quelques plaintes, non de la part des citoyens, ce serait peu de chose, mais de la part d'un souverain dont nous devons craindre la colère. Comment la cour de Rôme souffrira-t-elle qu'il soit permis de mettre en question l'infaillibilité du chef de l'église, l'autorité des conciles et même la divinité du Christ, dans un pays où des principes politiques convertis en dogmes seront protégés de toute la puissance des tribunaux criminels? Cette partialité en faveur d'une cause terrestre ne sera-t-elle pas un scandale pour le monde chrétien?

Toute attaque contre l'autorité constitutionnelle du roi sera aussi, suivant le projet, *réputée provocation au crime.* C'est ici que les dogmes politiques se multiplient; non-seulement les principes de la charte, relatifs au pouvoir royal, deviennent des articles de foi dont l'examen est interdit sous des peines criminelles; mais toutes les dispositions des actes antérieurs que la charte a maintenus ou que le gouvernement considère comme existans, prennent le même caractère. Tous les pouvoirs se trouvent concentrés aujourd'hui, dans les mains du pouvoir exécutif, par la constitution de l'an VIII, par les sénatus-consultes organiques, par les décrets impériaux, par la charte ou par des ordonnances; et il faut bien admettre que ces pouvoirs forment l'autorité constitutionnelle du roi, à moins de dire que le roi exerce des pouvoirs inconstitutionnels. La nomination des maires, des conseils municipaux, des officiers des gardes nationales, des préfets et par eux des jurés, la faculté d'empêcher la poursuite des agens du gouvernement, tous ces pouvoirs et beaucoup d'autres font partie de l'autorité constitutionnelle du roi. Or, l'article 4 du projet les met tous également sous la protection des tribunaux criminels; et tout citoyen qui désormais osera se permettre de démontrer le vice de quelqu'une de nos institutions, et d'en demander la réforme, sera de plein droit *réputé* provocateur au crime, et puni comme tel.

Et qu'on ne s'imagine pas que nous sommes frappés ici de dangers imaginaires, ou que nous cédons à des craintes chimériques. Nous ne pouvons pas avoir oublié qu'en 1817, pour avoir rappelé les usurpations de Bonaparte, et pour avoir demandé la réforme des institutions du jury, des administrations municipales et des gardes nationales, nous avons été séquestrés à la Force, accusés et condamnés. Le ministère public a prétendu, et le tribunal a jugé que les réformes que nous demandions, et dont la nécessité n'est aujourd'hui contestée de personne, se rapprochaient des formes républicaines et s'écartaient de la monarchie telle qu'elle était alors constituée. « Attendu, porte le jugement de condamnation, que dans diverses parties qui composent ce troisième volume, et *qui tendent à un même but*, les sieurs Comte et Dunoyer provoquent dans le système général du gouvernement et de l'administration, *des changemens, des modifications qui se rapprochent des formes républicaines, et s'écartent des principes de la monarchie telle qu'elle est actuellement constituée.* »

Pour trouver criminelle la critique des institutions que nous a transmises le gouvernement impérial, il a fallu faire violence à la loi même du 9 novembre; mais à l'avenir il ne sera plus nécessaire de forcer le texte de la loi. Tout ce qui s'écartera des principes de la monarchie, *telle qu'elle est actuellement constituée*, sera réputé provocation au crime, et l'on pourra mettre sur la même ligne le citoyen qui demandera que nos institutions soient perfectionnées, et l'individu qui provoquera publiquement à l'incendie, au meurtre ou au pillage. Ce n'est pas seulement les institutions actuellement existantes qui deviendront irrévocables : on ne pourra pas même solliciter la réforme des lois qui n'auront aucun rapport avec l'organisation du gouvernement. Qui oserait se permettre de soutenir, par exemple, que chacun doit avoir la liberté d'être imprimeur, de porter des lettres, de planter dans ses terres les objets qu'il lui plaira, et d'en vendre les produits à ceux qui lui en offriront le meilleur prix? Celui qui professerait ces épouvantables maximes, ne pourrait-il pas être criminellement poursuivi comme attaquant l'autorité constitutionnelle qu'a le roi de nommer les imprimeurs, de faire porter les lettres par ses agens, et de faire exclusivement planter et vendre du tabac? Une loi des Locriens obligeait tout citoyen qui voudrait proposer une réforme dans la législation, à se présenter devant l'assemblée du peuple une corde au cou ; et, si la proposition n'était pas adoptée, celui qui l'avait faite devait être étranglé sur-le-champ. Prenons garde de ne pas faire une loi semblable, tout en voulant garantir à chacun le droit que la charte lui reconnaît de publier ses opinions.

Enfin, le projet répute provocation au crime, l'attaque contre l'autorité constitutionnelle des chambres. Comme les chambres ont une autorité fort bornée, l'on a moins à craindre d'être *réputé* coupable de provocation au crime, en se livrant à l'examen de leurs pouvoirs : cependant on peut tomber encore ici dans de fâcheuses erreurs. Il est des personnes qui prétendent que les chambres ont la faculté de faire des enquêtes, et de fixer l'emploi des fonds qu'elles accordent au gouvernement. Il en est d'autres qui soutiennent au contraire que le gouvernement seul est autorisé à faire des enquêtes et à déterminer l'emploi des fonds publics. S'il arrive qu'un citoyen soutienne l'une ou l'autre de ces opinions, ne sera-t-il pas accusé d'attaquer l'autorité constitutionnelle des chambres ou du roi? Ne sera-t-il pas *réputé* coupable de provocation au crime? S'il est accusé, qui fixera les limites de l'autorité constitutionnelle du roi ou des chambres; dans les cas qui ne seront pas clairement décidés?

Nous devons supposer que l'article dont nous faisons l'examen, a pour objet, non d'interdire toute discussion sur les affaires publiques, mais de faire respecter l'autorité du roi et des chambres. Si tel est en effet le but du projet, il est un moyen bien simple d'y arriver; c'est de punir toute provocation à la désobéissance aux lois, faite par l'un des moyens énoncés dans l'article premier du projet, et de réprimer la diffamation et l'injure. Tant qu'on obéira aux actes des chambres et du roi, et qu'on respectera leurs personnes, on ne voit pas quel danger pourrait être à craindre pour leur autorité; puisque l'autorité ne peut se manifester que par des actes.

Nous avons vu les cas où l'on est *réputé* coupable de provocation au crime; il faut maintenant examiner ceux où l'on est *réputé* coupable de provocation au délit. Ils sont au nombre de cinq. On place d'abord au rang des faits *réputés* provocation au délit, les cris séditieux proférés publiquement. Mais de deux choses l'une : ou l'individu accusé a provoqué les citoyens à commettre un délit ou un crime, ou il ne les a provoqués à aucun acte; dans le premier cas, la disposition est inutile, elle n'est qu'une vaine répétition de l'article 2 du projet; dans le second, elle est inique et absurde, puisqu'elle ordonne aux juges de punir comme coupable de provocation à un délit, celui qu'ils reconnaissent n'avoir commis aucune provocation. C'est en vain qu'on dira que le fait est *réputé* provocation au délit : parce qu'on l'aura *réputé* tel, il ne changera pas de nature; et il ne serait pas plus déraisonnable de dire que le blanc sera réputé noir, qu'il ne l'est de dire que celui qui n'a provoqué à commettre aucun délit sera *réputé* coupable de provocation au délit. Si l'on veut absolument une disposition pour réprimer les cris *séditieux*, on ne voit pas pourquoi on n'en établirait pas une pour réprimer les cris meurtriers, les cris incendiaires, les cris de pillage : ou la première est inutile, ou la seconde est nécessaire.

Le second fait *réputé* provocation au délit est l'enlèvement ou la dégradation des signes de l'autorité royale opérés par haine ou mépris de cette autorité. Il n'y a point de raison pour *réputer* ce fait provocation au délit : l'article 257 du code pénal prévoit les délits de ce genre, en les prenant pour ce qu'ils sont. Il déclare que quiconque aura détruit, abattu, mutilé, ou dégradé des monumens, statues et *autres objets* destinés à l'utilité ou à la décoration publique, et *élevés par l'autorité publique* ou *avec son autorisation*, sera puni d'un emprisonnement d'un mois à deux ans, et d'une amende de cent francs à cinq cents francs. L'enlèvement d'un des objets désignés dans cet article peut avoir divers caractères selon l'intention de celui qui en est l'auteur. Il peut être un vol, un acte de haine ou de vengeance, ou se lier à un complot contre le gouvernement. C'est aux magistrats et aux jurés à voir, dans chaque cas particulier, quel est le caractère qui lui convient; mais ce n'est pas à la loi qu'il appartient de faire le jugement.

Le projet *répute* aussi provocation au délit le port public de tous signes extérieurs de ralliement non autorisés par le roi ou par des réglemens de police. Les vices du projet se reproduisant sous diverses formes, il nous est impossible de ne pas reproduire les mêmes raisonnemens. Si, au moyen d'un signe quelconque, un individu a provoqué à commettre un délit ou un crime, la disposition est inutile : le cas est prévu par les deux premiers articles du projet. Si, au contraire, il n'a provoqué à aucun acte punissable, il ne faut pas dire qu'il s'est rendu coupable de provocation au délit; car ce serait affirmer un mensonge pour le plaisir de commettre une injustice. Nous voyons tous les jours des Anglais ou des Hollandais qui portent des signes extérieurs de ralliement qui n'ont été autorisés ni par le roi ni par des règlemens de police; on ne saurait cependant les accuser de provoquer à des actes criminels.

Le quatrième fait *réputé* provocation au délit est l'attaque formelle aux droits garantis par l'article 5 de la charte, article portant que chacun professe sa religion avec une égale liberté, et obtient pour son culte la même protection. Si par le mot *attaque* on entend parler de voies de fait employées, soit pour empêcher l'exercice d'un culte, soit pour contraindre à faire des actes de religion, la disposition est inutile; les articles 261, 262 et 263 du code pénal ont tout prévu. Si l'on veut parler des provocations dont l'objet serait de faire commettre l'un des délits prévus par ces articles, la disposition est encore inutile; elle est une répétition de l'article 2. Enfin, si par le mot *attaque* on veut désigner des opinions, la disposition est fausse et tyrannique; des opinions n'attaquent les droits de personne quand elles ne sont pas émises dans la vue de provoquer à des faits punissables; et quand elles sont émises dans cette vue, elles prennent le caractère de provocation et rentrent dans le cas spécifié par le second article du projet.

Le dernier fait *réputé* provocation au délit est l'attaque formelle contre les droits que la charte garantit aux Français par l'article 9. Cet article déclare que toutes les propriétés sont inviolables sans aucune exception de celles qu'on appelle nationales, la loi ne mettant aucune différence entre elles. L'abolition de la confiscation et les peines établies contre les voleurs, voilà les véritables garanties de la propriété. Ajoutez à cela des peines contre les provocateurs au vol ou au pillage, et vous n'aurez besoin d'aucune nouvelle disposition. Si l'article dont nous faisons l'examen a pour but de réprimer en outre des opinions spéculatives, il est sans fondement; ce n'est pas avec des armes semblables qu'on peut porter atteinte à des propriétés. On ne voit pas, d'ailleurs, pourquoi des opinions contraires aux articles 5 et 9 de la charte, seraient plus punissables que celles qui seraient contraires aux autres articles. Nous avons assez de lois pénales pour faire respecter la liberté des cultes et les propriétés; et il vaudrait mieux faire exécuter franchement celles que nous avons que d'en multiplier inutilement le nombre.

Le dernier article du chapitre premier du projet porte qu'il n'est point dérogé aux lois qui punissent la provocation et la complicité résultant de tous autres actes que des faits de publication prévus par ce chapitre. Cette disposition est tout-à-fait inutile, puisqu'elle se trouve en termes plus généraux dans le dernier article du projet, où il est dit que toutes les dispositions du code pénal auxquelles il n'est pas dérogé continueront d'être exécutées. Dans nos lois, comme dans nos discours, nous ne sommes pas toujours assez avares de paroles.

Le chapitre second du projet, destiné à réprimer les offenses publiques envers la personne du roi, ne nous paraît susceptible d'aucune critique quant au fond de la première disposition. Si un emprisonnement de cinq années et une amende de dix mille francs sont des peines sévères, la faculté qu'ont les juges de les réduire, l'une à six mois et l'autre à cinq cents francs dans les cas les moins graves en fait disparaître le danger. Nous ferons seulement observer que la disposition n'est point à sa place. Le roi n'est mis dans une classe à part que comme étant l'un des pouvoirs de la société; l'article qui le concerne devrait donc se trouver immédiatement avant celui qui concerne les chambres et dans le même chapitre. Si c'est un compliment qu'on a voulu lui faire en créant pour lui un chapitre spécial, et en séparant ce chapitre des autres pouvoirs par un petit chapitre sur les outrages aux bonnes mœurs, nous n'avons pas à nous en plaindre; mais il faut convenir que l'étiquette joue un pauvre rôle quand on la fait paraître dans une loi pénale.

La seconde disposition a besoin d'être restreinte. Elle porte que le coupable pourra être interdit de tout ou partie des droits mentionnés en l'article 42 du code pénal, pendant un temps égal à celui de l'emprisonnement auquel il aura été condamné. Un des membres les plus éclairés et les plus honorables de la chambre des pairs ne cesse de se plaindre depuis long-temps de ce qu'on nous donne continuellement des lois en chiffres. Il voudrait que, lorsqu'on applique à un cas nouveau la disposition d'une loi ancienne, on reproduisît cette disposition toute entière, afin que chacun pût savoir ce qu'il fait quand il adopte une loi. Si les auteurs du nouveau projet avaient suivi cette méthode, ils se seraient convaincus qu'il ne pouvait pas y avoir lieu de placer ici toutes les dispositions de l'article 42 du code pénal. Cet article est conçu en ces termes :

« Les tribunaux, jugeant correctionnellement, *pourront*, dans certains cas, interdire en tout ou en partie l'exercice des droits civiques, civils et de famille suivans :

» 1°. De vote et d'élection ;

» 2°. D'éligibilité ;

» 3°. D'être appelé ou nommé aux fonctions de juré ou autres fonctions publiques, ou aux emplois de l'administration, ou d'exercer ces fonctions ou emplois ;

» 4°. De port d'armes ;

» 5°. De vote et de suffrage dans les délibérations de famille ;

» 6°. D'être tuteur, curateur, si ce n'est de ses enfans, et sur l'avis seulement de la famille ;

» 7°. D'être expert ou employé comme témoin dans les actes ;

» 8°. De témoignage en justice autrement que pour y faire des déclarations. »

Les dispositions de cet article sont en général mal comprises. On s'imagine qu'elles ont uniquement pour but de punir l'individu auquel elles sont infligées, tandis qu'elles ont principalement pour objet de mettre à couvert l'intérêt de certaines personnes ou du public ; d'où il suit qu'il est impossible qu'on puisse jamais les appliquer toutes à un individu pour un seul délit.

Un homme est traduit en justice pour des intrigues dont il s'est rendu coupable dans les élections ; le jugement qui le condamne lui défend d'y reparaître en le privant du droit de vote et d'éligibilité. Un autre est condamné pour avoir cédé à la corruption, et pour avoir reçu des salaires que la loi lui interdisait de recevoir ; le jugement qui le condamne le rend incapable des fonctions qui exigent une grande probité. Un troisième est condamné pour des violences envers des personnes ; les juges lui interdisent le port d'armes. Un quatrième est condamné, soit pour avoir maltraité ses parens, soit pour avoir dilapidé des fonds qui lui avaient été confiés ; on lui interdit de paraître dans des délibérations de famille, ou d'être tuteur ou curateur. Enfin, un cinquième est convaincu de calomnie;

on le déclare indigne de rendre témoignage.

En procédant de cette manière, les peines sont analogues aux délits; et il faut qu'elles le soient toujours pour être efficaces. Il n'a pas été sans doute dans l'esprit des rédacteurs de la loi, qu'elles fussent appliquées sans discernement et au hasard; c'est cependant ce qui arrivera si l'on admet que les juges pourront appliquer en tout ou en partie les dispositions de l'article 42 du code pénal à un cas spécifié. Pour ne pas donner des armes à l'arbitraire, il faut préciser les fonctions desquelles pourront être exclus ceux qui se seront rendus coupables d'offenses envers la personne du roi : ces fonctions ne peuvent être que celles d'électeur ou d'éligible à la chambre des députés. Il ne convient pas en effet que celui qui est chargé de la défense des intérêts nationaux, puisse être considéré par le gouvernement comme un ennemi personnel; cette seule considération rendrait suspectes, et par conséquent inefficaces, les plaintes les mieux fondées, les réclamations les plus justes. Toute autre interdiction serait sans motif; et il importe d'autant plus de restreindre la disposition du projet à celles qui peuvent être justement prononcées, que, dans les causes politiques, les juges ne portent pas toujours un grand discernement dans l'application des peines ; il en est un grand nombre qui s'imaginent que pour bien juger en pareil cas,

La colère suffit, et vaut un Apollon.

Le chapitre III, destiné à réprimer les outrages à la morale publique et aux bonnes mœurs, n'est que la reproduction littérale de l'article 287 du code pénal. Ce chapitre devrait suivre immédiatement celui qui est relatif à la provocation aux crimes ou délits. Un ouvrage n'est immoral, en effet, que lorsqu'il provoque à un genre de désordre que les lois laissent impuni uniquement parce qu'elles ne peuvent pas l'atteindre, ou parce que les maux que produiraient les recherches et les poursuites seraient plus grands que ceux qui peuvent résulter de l'impunité.

On est fâché de trouver encore dans ce chapitre, composé d'un seul article, une disposition entièrement inutile : c'est celle qui maintient un certain nombre d'articles du code pénal, qui sont maintenus d'une manière plus générale par l'article 23. Les répétitions oiseuses sont toujours déplaisantes ; mais elles le sont dans les lois plus que partout ailleurs.

Le chapitre IV, relatif à la diffamation et à l'injure publique, nous semble bien entendu et parfaitement rédigé; et si l'on excepte le premier article qu'il faudrait supprimer, et l'avant-dernier qu'il faudrait adoucir, nous ne voyons pas ce qu'on pourrait y changer pour le rendre meilleur. Ce chapitre fait éprouver à notre législation pénale des modifications notables, et qu'il convient d'expliquer.

Le code pénal reconnaît qu'on peut se rendre coupable en imputant à une personne des faits qui, s'ils existaient, l'exposeraient, soit à des poursuites criminelles ou correctionnelles, soit seulement à la haine ou au mépris des citoyens; et en lui imputant un ou plusieurs vices déterminés, ou en employant à son égard des expressions outrageantes. Il *répute* fausse toute imputation à l'appui de laquelle la preuve légale n'est pas rapportée; il ne considère comme preuve légale que celle qui résulte de jugement ou d'autres actes authentiques, et il exempte de toute peine l'accusé qui, à l'aide d'une semblable preuve, établit la vérité de l'imputation. Aucune disposition n'ayant établi des règles particulières pour les agens du gouvernement, les tribunaux ont employé les dispositions établies dans l'intérêt des simples particuliers pour les mettre à couvert des imputations ou des injures.

Nous avons dit que les lois pénales devaient prendre les choses pour ce qu'elles sont, et ne rien *réputer*. Une chose vraie ne cesse pas de l'être, parce qu'il plaît au législateur de la *réputer* fausse; il est plus facile de contraindre des juges à mentir à leurs consciences, que de faire que la vérité devienne le mensonge. La disposition du code pénal, qui punit comme fausse toute imputation qui n'est pas prouvée par tel ou tel acte, mais dont la vérité est d'ailleurs évidente aux yeux des juges, est donc vicieuse. Mais c'est là le moindre de ses défauts; ce qui rend la loi mauvaise, c'est qu'elle fait résulter la culpabilité de l'accusé, de l'absence de certains actes, et qu'elle ne tient aucun compte ni de l'intention ni du dommage causé. Il arrive donc que des faits punissables ne sont point réprimés, et que des faits innocens ou honorables exposent ceux qui en sont les auteurs à des peines sévères.

Une personne à laquelle l'éducation ni l'expérience n'ont rien appris, est accusée de s'être approprié une chose de peu de valeur dans une maison où elle est employée. Elle est mise en jugement et condamnée à une peine infamante. Après avoir subi sa peine, elle fait oublier, par une conduite irréprochable, qu'elle fut autrefois coupable ; la régularité de ses mœurs, sa réputation de probité, son amour pour le travail, lui gagnent la confiance de toutes les personnes qui la connaissent ; enfin, elle s'établit et élève sa famille dans les principes de la plus sévère morale. Si elle ne fait rien qui puisse nuire à autrui, tout individu qui aura des passions haineuses à satisfaire, sera-t-il autorisé à la diffamer publiquement, à la faire repousser par les personnes dont elle avait justement acquis la confiance, et à porter le trouble et le désespoir dans sa famille? Pourra-t-il, pour satisfaire sa vengeance, la poursuivre d'asile en asile, la diffamer dans tous les lieux où elle voudra s'établir, et la placer dans l'alternative du suicide ou d'une vie criminelle? Il le pourra, sans doute, si l'on ne consulte que le Code pénal ; qui oserait dire cependant que, dans un pareil cas, la diffamation est innocente?

Nous trouvons dans un écrit publié récemment, et qui est rempli de vues profondes, un exemple qui fera mieux sentir combien la diffamation peut être criminelle, quoique les faits diffamatoires puissent être prouvés par acte authentique. « Un Européen s'était établi à Surinam ; il y avait acquis, dans le commerce, la plus grande considération : sa probité, sa franchise, ses vertus, étaient incontestables et universellement reconnues. Aucun négociant n'avait plus complétement obtenu l'estime publique. Il fut atteint d'un ulcère sous l'aisselle; une opération était jugée indispensable ; il s'y refusa constamment et mourut. Après sa mort on découvrit qu'il avait été marqué à l'épaule comme faussaire. Il avait noblement réparé son crime ; il aima mieux l'expier par la mort que par la honte.

« Que Surinam, ajoute l'écrivain que nous citons, eût été un pays libre, et qu'un ennemi, un envieux y eût imprimé que ce négociant si vertueux, si estimé, était un faussaire ; que des poursuites, n'importe par qui, eussent été exercées contre l'auteur de cette imputation, et l'eussent amené devant de bons jurés ; il pouvait offrir la preuve du fait ; il pouvait même en rapporter la preuve légale. Et cependant il eût dû être condamné comme diffamateur ; il l'eût été peut-être, car son action eût présenté le double caractère d'une méchante intention et d'un grand dommage causé à un homme qui, sans son écrit, ne l'eût pas souffert. »

Voilà bien évidemment des faits punissables, et auxquels cependant le code pénal assure l'impunité. Nous allons en voir d'autres, qui n'ont rien de répréhensible, et qui sont même récompensés par l'estime et la considération publiques, donner lieu à des condamnations correctionnelles. Nous nous abstiendrons de prononcer sur les causes des événemens qui ont eu lieu à Lyon en 1816 et 1817 ; mais nous supposerons que, dans leurs écrits, MM. Fabvier et Sainneville n'ont dit que la vérité ; nous supposerons que, dans les révélations qu'ils ont faites au public, ils n'ont été dirigés que par des intentions honorables, par le désir de justifier une population nombreuse des imputations qui lui ont été faites, d'obtenir du gouvernement la réparation des injustices qui pouvaient encore être réparées, d'éclairer le public sur les infernales manœuvres d'une faction ennemie, et de prévenir ainsi de nouveaux malheurs; dans cette supposition, il n'est personne qui osât affirmer qu'ils ont été coupables, et cependant, d'après la loi, ils ont dû être condamnés, car les faits qu'ils ont attestés n'ont été prouvés par aucun acte authentique. Il est donc bien clair que, dans ce système, ce n'est ni de la volonté de nuire, ni de l'exécution d'un fait punissable, que dépend la culpabilité, mais uniquement de la circonstance que le fait imputé n'a jamais été constaté par un jugement ou par un acte authentique ; circonstance qui est tout-à-fait indépendante de la volonté et de la conduite de l'inculpé, et qui, par conséquent, ne peut attirer sur lui ni blâme ni louange.

Si le projet de loi est adopté, la culpabilité des accusés ne dépendra plus de circonstances étrangères à leurs intentions et à leurs actions; elle ne dépendra point, par conséquent, de la vérité ou de la fausseté des faits imputés ; car nous avons vu qu'une imputation peut être punissable, quoiqu'elle ne repose que sur des faits vrais et susceptibles d'être prouvés; elle dépendra entièrement de l'intention de nuire, et d'un fait nuisible exécuté dans cette intention ; ce ne sera pas seulement la calomnie qui sera poursuivie, ce sera la diffamation, qui comprend dans sa généralité l'imputation de faits vrais et l'imputation de faits faux. « La diffamation, a dit M. le garde des sceaux, n'implique pas nécessairement la fausseté des faits ; elle dénote seulement d'une part l'intention de nuire, et de l'autre le dommage causé. Ainsi une publication qu'il y aurait une sorte de contre-sens à déclarer calomnieuse, pourra fort bien et très-justement être condamnée comme diffamation. »

Les auteurs du projet distinguent la diffamation de l'injure; ce sont en effet deux choses qui diffèrent l'une de l'autre ; il nous semble cependant qu'ils n'ont pas saisi ce qui en constitue la différence. Le diffamateur a spécialement pour but d'agir sur l'esprit des personnes qui connaissent ou qui peuvent connaître le nom de l'individu auquel il se propose de nuire ; diffamer quelqu'un, c'est lui enlever la réputation dont il jouit, ou lui faire une mauvaise réputation. L'injure, au contraire, s'adresse spécialement et directement à la personne qui en est l'objet : elle a moins pour but de détruire sa réputation ou de lui en faire une mauvaise, que de l'irriter ou de l'humilier en blessant ses sentimens. Ainsi, l'on peut injurier un individu sans qu'aucune autre personne que lui en soit instruite; mais on ne peut le diffamer qu'en s'adressant à des tiers. Celui qui imputerait à une personne, dans le tête-à-tête, des habitudes ou des faits déshonorans, ne commettrait qu'une injure ; tandis qu'il se rendrait coupable de diffamation s'il l'accusait auprès d'un tiers des mêmes faits ou des mêmes habitudes. La différence entre ces deux délits ne tient donc pas à la différence des expressions qui ont été employées pour les commettre; elle tient à la différence des intentions et du mal produit.

Les mots *diffamation* et *injure* rendent assez bien ces idées, et ce n'est pas sans éprouver quelque peine que nous avons vu qu'on les avait définis dans le premier article du chapitre où il en est question. Nous avons toujours poussé trop loin en France la manie de faire des définitions; la plupart de nos lois en sont infectées; il est tel de nos codes dont on pourrait effacer des pages entières sans porter atteinte à aucune disposition législative. Les lois ne doivent être ni des grammaires ni des dictionnaires; et nos chambres législatives doivent laisser à l'académie française le soin de disputer sur les mots. On croit que les définitions sont un moyen de prévenir l'arbitraire; elles ne sont au contraire qu'un moyen de l'augmenter : quand on a défini un mot, on n'a rien fait contre les mauvaises interprétations, si on ne définit pas chacun des mots de la définition; et, si l'on veut les définir, quel sera le terme auquel on s'arrêtera ?

Le législateur ne doit pas définir des mots; mais il doit caractériser les délits, et il ne peut les caractériser que par l'intention, et par le résultat : le moyen doit toujours être écarté de la question. Partout où les résultats sont les mêmes et où les volontés se ressemblent, les délits sont identiques : la différence des moyens n'y change rien. Cette vérité, qui ne nous paraît pas susceptible de controverse, paraît n'avoir pas été assez présente à l'esprit des auteurs du projet, lorsqu'ils ont donné la définition de la diffamation et de l'injure.

« Toute allégation ou imputation, ont-ils dit, d'un fait qui porte atteinte à l'honneur ou à la considération de la personne ou du corps auquel le fait est imputé, est une diffamation. »

» Toute expression outrageante, terme de mépris ou invective qui ne renferme l'imputation d'aucun fait, est une injure. »

Les mots *allégation*, *imputation*, *honneur*, *considération*, ne présentent pas à l'esprit des idées plus nettes que le mot *diffamation*; et si celui-ci offre un sens obscur, en le définissant on ne fait qu'ajouter des obscurités à des obscurités. La même remarque s'applique aux mots, *expression outrageante*, *terme de mépris*, *invective*, qui ne sont pas plus clairs que le mot *injure*. Ces deux définitions sont donc inutiles, et de plus elles sont fausses : elles caractérisent les délits, non par la différence des intentions et du mal produit, mais par la différence des moyens d'exécution.

Ce n'est pas le plomb lancé par une arme meurtrière, ou l'instrument avec lequel on donne la mort, qu'on appelle crime de meurtre; c'est la destruction d'un être humain, opérée volontairement, sans préméditation et hors les cas permis par la loi. De même, ce n'est pas l'allégation ou l'imputation d'un fait quelconque qui s'appelle diffamation; c'est la destruction de l'honneur ou de la réputation d'une personne, opérée volontairement, et hors les cas où la loi l'autorise. L'imputation d'un fait déshonorant est l'instrument qui sert à commettre le délit de diffamation, comme le plomb qui tue, ou l'arme qui donne la mort, est l'instrument qui sert à commettre le meurtre; et s'il serait déraisonnable de caractériser ce dernier crime par les moyens avec lesquels on peut le commettre, il l'est également de caractériser la diffamation par les moyens à l'aide desquels on peut la consommer.

La diffamation a peu besoin d'être définie; cependant si l'on pensait qu'elle doit l'être, on pourrait peut-être la caractériser : « Toute atteinte publique, portée volontairement et hors les cas autorisés par les lois, à la réputation ou à l'honneur d'une ou de plusieurs personnes, d'un ou de plusieurs corps constitués (1). »

La définition de l'injure est beaucoup plus difficile à donner, et la difficulté vient de l'impossibilité dans laquelle on est de trouver des expressions dont le sens soit plus clair que celui que le mot présente par lui-même. Le projet considère comme injure toute expression outrageante, terme de mépris ou invective qui ne renferme l'imputation d'aucun fait. Mais, nous l'avons déjà dit, ce n'est pas l'arme qui blesse, qui est le délit; c'est la blessure faite avec intention. De même, ce n'est pas l'expression outrageante ou le terme de mépris qui est l'injure, c'est le mal produit à l'aide de cette expression; et, comme l'arme qui sert à commettre un délit peut servir à commettre un crime, de même l'expression qui sert à commettre une injure peut servir à exécuter une diffamation. N'est-il pas possible, en effet, de diffamer complétement une personne ou de la perdre de réputation, sans lui imputer aucun

(1) Nous disons, *hors les cas autorisés par la loi*, parce qu'en effet les lois autorisent des plaintes et des accusations qui portent toujours atteinte à l'honneur des personnes qui en sont l'objet.

fait précis ? Attribuer à un homme des inclinations, des vices, des habitudes qui le déshonorent, n'est-ce pas le diffamer ? Une habitude vicieuse est certainement plus déshonorante qu'un fait isolé ; et cependant l'imputation d'une habitude ne sera qu'une injure, tandis que l'imputation d'un fait analogue à cette habitude sera une diffamation.

D'où viennent ces contradictions? d'une seule chose, de ce qu'on place les délits dans les moyens d'exécution, au lieu de les placer dans le mal même, ou plutôt dans la volonté qui le produit. Il importe d'autant plus de faire disparaître les mauvaises définitions qu'on a données, ou du moins de les amender, qu'elles vicient toutes les dispositions qui suivent, et qu'elles peuvent laisser impunis beaucoup de faits punissables. Quand un délit est mal caractérisé, on trouve toujours le moyen de le commettre en se plaçant hors des termes de la loi ; voilà pourquoi il ne faut donner des définitions que quand elles sont indispensables, et pourquoi il faut caractériser les délits par le mal qu'on veut empêcher, et non pas le moyen qui peut servir à le commettre.

Les auteurs du projet ont prévu la diffamation et l'injure envers les membres de la famille royale, envers les chambres, envers les cours, les tribunaux et autres corps constitués, envers les dépositaires et les agens de l'autorité publique, envers les souverains et les chefs des gouvernemens étrangers, envers les ambassadeurs, ministres plénipotentiaires, envoyés, chargés d'affaires ou autres agens diplomatiques, et enfin envers les simples particuliers. Des personnes ont trouvé sévères les dispositions du prdjet de loi; peut-être en effet aurait-on pu en adopter de plus douces; nous croyons cependant que, s'il se prononce des condamnations trop dures, ce sera bien plus la faute des magistrats ou des défenseurs que celle de la loi.

Une disposition autorise les tribunaux à interdire les avocats et les avoués pendant six mois pour la première fois, et pendant cinq ans en cas de récidive. Cette interdiction, qui paraît devoir être prononcée sans accusation, sans débats et sans jurés, nous paraît excessive. Que les avoués et les avocats ne jouissent d'aucun privilége, à la bonne heure; mais du moins qu'ils ne soient pas traités plus défavorablement que les autres citoyens. L'état d'asservissement dans lequel ils se trouvent depuis le décret impérial du 14 décembre 1810, les a placés assez bas pour qu'on n'ait pas besoin de redoubler de rigueurs à leur égard. Il y a plus d'indépendance aujourd'hui dans le dernier des métiers, que dans une profession qu'on plaçait jadis parmi les plus élevées et les plus libres. Au reste, c'est à ceux qui siégent dans la chambre des députés avec tant de distinction, que nous devons laisser le soin de défendre leur cause.

Le projet est terminé par une disposition qui abroge certains articles du code pénal et la loi du 9 novembre. L'abrogation de cette dernière loi serait un grand bienfait si elle n'était pas rendue illusoire par les articles du projet qui en reproduisent les dispositions. Il vaudrait beaucoup mieux qu'elle ne fût pas prononcée, et que ces articles fussent supprimés; du moins alors on ne pourrait pas imputer aux auteurs du nouveau projet le mal qu'elle pourrait produire.

Si, par des amendemens, les chambres font disparaître les mauvaises dispositions que nous avons signalées, nous aurons une bonne loi de plus; si elles les adoptent, nous ne perdrons rien, mais nous ne gagnerons pas davantage : nous serons après l'adoption à peu près dans la même position où nous étions auparavant.

FIN.

www.ingramcontent.com/pod-product-compliance
Ingram Content Group UK Ltd.
Pitfield, Milton Keynes, MK11 3LW, UK
UKHW021630260726
13994UKWH00003B/1147